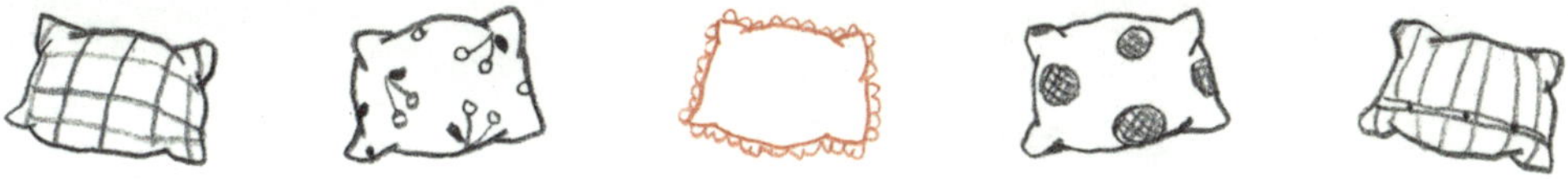

Lippels Traum

Ein Leseprojekt
zu dem
gleichnamigen Kind
von
Paul Maar

erarbeitet
von
Caroline Roeder

Illustrationen
von
Heike Herold

Cornelsen

Inhaltsverzeichnis

Auf Seiten mit diesem Bild findest du Aufgaben.

Kapitel 1

Vielleicht muss zuerst einmal die Sache mit Lippels Namen erklärt werden: Eigentlich hatten ihm seine Eltern den Namen Philipp gegeben. Aber sie nannten ihn immer Lippel. So glaubte der Junge, sein Name sei Lippel, bis er sechs Jahre alt wurde. Mit sechs kam er in die Schule. Dort erfuhr er, dass er nun der Schüler Philipp sein sollte. Die meisten aus seiner Klasse riefen ihn Philipp. Da er für sich selbst aber stets der Lippel blieb, soll er hier auch so genannt werden.

1

Es gab drei Dinge, die Lippel ganz besonders gern mochte: Er liebte Sammelbilder, eingemachtes Obst und Bücher. Eigentlich mochte er noch vieles andere ganz besonders gern. Aber das hing alles mit diesen drei Dingen zusammen.

Weil er Sammelbilder liebte, liebte er zum Beispiel Milch, Jogurt, Sahne und Einkaufengehen. Auf den Verpackungen waren Sammelpunkte aufgedruckt, sie hießen „Pennys“. Und daneben stand „Für 100 Pennys gibt’s spannende Farbbilder“. Das Wort „spannende“ versprach allerhand. Seitdem sammelte Lippel eifrig Penny-Punkte. Er hatte schon fast achtzig.

Die zweite Vorliebe von Lippel war eingemachtes Obst. Deshalb mochte er Frau Jeschke. Frau Jeschke war eine ältere Frau mit dicken Brillengläsern. Sie war Witwe und wohnte zwei Häuser weiter, auf der anderen Straßenseite. Frau Jeschke freute sich jedes Mal, wenn er kam. Manchmal gab es eingemachtes Obst für Lippel, manchmal Sammelpunkte. Frau Jeschke sammelte nämlich für ihn mit.

Mit seiner dritten Vorliebe, mit den Büchern, war das so: Weil er Bücher liebte, las er gerne. Am liebsten las er ein Buch in einem Zug durch. Weil er das Lesen liebte, blieb er am Abend gern lange auf. Denn je länger man aufbleibt, desto länger kann man lesen. Und darum liebte er sein Versteck.

Familie Mattenheim wohnte in einem Einfamilienhaus. Lippels Zimmer lag im ersten Stock, gegenüber der Treppe. Dummerweise hatte die Tür zu seinem Zimmer oben eine schmale Milchglasscheibe. So konnten seine Eltern immer sehen, ob bei ihm Licht brannte. Deshalb war Lippel schließlich auf den Verschlag gekommen. Das war eine Art Wandschrank mit schräger Decke, unter der Treppe zum Dachboden.

Lippel verbrachte viele gemütliche Abende in seinem Versteck und las. Er schaffte es auch jedes Mal, wieder im Bett zu liegen, bevor seine Eltern schlafen gingen. Denn dann schauten sie meistens noch einmal leise in sein Zimmer. So war sein Versteck bis jetzt noch unentdeckt geblieben.

Fortsetzung folgt

1. **Im ersten Kapitel lernst du Philipp kennen.**
Wie wird Philipp von den Eltern genannt?
Schreibe den Namen in die Kästchen.

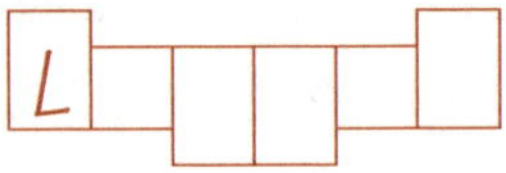

2. **Lippel liebt drei Sachen besonders.**
Welche sind das?
Unterstreiche die richtigen Wörter.

Gummibärchen

eingemachtes Obst

Comic-Hefte

Sammelbilder

Bücher

Aufkleber

3. Wie bekommt Lippel Sammelbilder?
Ergänze die Sätze.
Tipp: Lies noch einmal Seite 4.

Jogurtbechern / Verpackungen / Pennys / Milchtüten / ~~Punkte~~

Um Sammelbilder zu bekommen, muss Lippel Punkte_____ sammeln. Diese Punkte gibt es

auf V_____________, zum Beispiel

auf J_____________

oder M_____________.

Die Punkte heißen _____________.

4. Wie viele Punkte muss Lippel haben, um spannende Sammelbilder zu bekommen? Male den Punkt mit der richtigen Zahl farbig aus.

5. **Lippel mag nicht nur Sammelpunkte. Er mag auch sehr gern eingemachtes Obst. Was ist eingemachtes Obst? Lies den Sachtext.**

Obst können wir in **Einmachgläsern** einkochen. Das Obst bleibt in den verschlossenen Gläsern **lange haltbar.** So können wir mitten im Winter zum Beispiel Kirschen essen, die bei uns nur im Sommer wachsen.

6. **Warum kochen wir Obst ein? Erkläre mit eigenen Worten.**

7. **Am liebsten liest Lippel abends in seinem Versteck. Wo liest du am liebsten? Male auf ein Blatt Papier ein Bild dazu.**

8. **Gestaltet gemeinsam ein Plakat: „Unsere Lieblings-Leseplätze“. Klebt eure Bilder von Aufgabe 7 dazu.**

Kapitel 2

Genau zu der Zeit, als Lippel schon fast achtzig Punkte gesammelt hatte, kam Vater zu ihm in die Küche und sagte mit ernstem Gesicht:

„Lippel, ich habe etwas mit dir zu besprechen. Demnächst ist ein Kongress in Wien. Da muss Mama hinreisen.“

„Was ist denn ein Kongress?“, fragte Lippel.

„Da reden viele Leute über wichtige Dinge. Jedenfalls über Dinge, die für Mama wichtig sind.“

„Alte Kirchen, Gemälde und so was?“, fragte Lippel.

„Genau!“

„Redet Mama da auch?"

„Ja, das wird sie."

„Und wie lange dauert der Kongress?"

„Eine Woche."

„Hm! Dann sind wir beide also eine Woche allein."

„Nein, Lippel – weißt du …"

„Ja?"

„Ich habe vor, mit Mama nach Wien zu fahren."

Nun war es heraus.

„Und ich?", fragte Lippel fassungslos.

„Komme ich nicht mit?"

„Das geht leider nicht. Du musst doch zur Schule."

„Ihr könnt mich doch nicht eine ganze Woche lang allein lassen", sagte Lippel empört.

„Es wird so lange jemand für dich sorgen."

„Wer denn?"

„In meiner Zeitung gibt es eine Sekretärin. Die hat eine Schwester. Die würde für eine Woche kommen und hier wohnen."

„Einfach so?"

„Nein, wir bezahlen sie natürlich dafür", sagte Papa.

„Wie heißt sie denn?"

„Frau Jakob."

Fortsetzung folgt

1. **Lippels Eltern wollen für eine Woche verreisen. Wie viele Tage werden sie also fort sein? Trage die Zahl in den Punkt ein.**

Tage

2. **Lippels Mutter nimmt an einem Kongress teil. Dort werden Vorträge über alte Kirchen und Gemälde gehalten. Welchen Beruf könnte Lippels Mutter haben? Die Vorschläge helfen dir.**

die Lehrerin / die Rennfahrerin / die Kunstwissenschaftlerin

3. Lippels Eltern reisen nach Wien.

a) Von welchem Land ist Wien die Hauptstadt?
Tipp: Schlage in einem Lexikon nach.

b) Trage den Namen des Landes in die Tabelle ein.

c) Wie heißen die Hauptstädte der anderen Länder?
Trage in die Tabelle ein.

Paris / Warschau / London /
Berlin / Rom / Ankara

das Land	die Hauptstadt
Ö	Wien
Deutschland	
Großbritannien	
Polen	
Italien	
Frankreich	
Türkei	

**4. Lippels Vater arbeitet bei einer Zeitung.
Es gibt viele verschiedene Zeitungen und Zeitschriften. Die meisten sind für Erwachsene.
Welche Zeitschriften gibt es für Kinder?**

a) Fragt in einem Zeitungsgeschäft.

**b) Hast du eine Zeitschrift für Kinder zu Hause?
Bringe sie mit in die Schule.
Seht sie euch gemeinsam an.**

**5. Eine Zeitschrift stellen viele verschiedene Personen her.
Wer arbeitet für eine Zeitschrift?
Sprecht in der Klasse darüber.**

die Druckerin / der Drucker

die Fotografin / der Fotograf

die Reporterin / der Reporter

die Chefredakteurin /
der Chefredakteur

die Zeitungsausträgerin /
der Zeitungsausträger

Kapitel 3

Lippel ging immer allein zur Schule. Das hatte ihn bisher noch nie gestört. Es gab eben keinen aus seiner Klasse, der in derselben Straße wohnte. Aber heute wünschte er sich jemanden, mit dem er sich auf dem Schulweg unterhalten konnte. Die Abreise der Eltern hatte ihn traurig gemacht. Langsam und niedergeschlagen ging er die Straße entlang. Er fühlte sich einsam.

Doch in der Klasse vergaß er seinen Kummer. Frau Klobe, die Klassenlehrerin, kam nicht allein. Sie brachte zwei Neue mit, einen dunkelhaarigen Jungen und ein Mädchen. Und das mitten im Schuljahr!

Die beiden blieben vorn neben Frau Klobe stehen und blickten verlegen zu Boden. Frau Klobe sagte: „Hier sind zwei neue Mitschüler. Sie sind Geschwister. Sie gehen ab jetzt in eure Klasse.“ Dann wandte sie sich zu den beiden. „Vielleicht sagt ihr selbst eure Namen.“ Die Klasse wartete gespannt, aber nichts geschah. Die beiden schwiegen. „Na ja!“, sagte Frau Klobe schnell.

Sie legte dem Jungen die Hand auf die Schulter. „Das ist Arslan“, sagte sie dabei. Der Junge nickte. „Und das ist Hamide.“ Auch das Mädchen nickte, schaute aber immer noch zu Boden. Frau Klobe guckte suchend in die Klasse. „Philipp, du sitzt allein am Tisch. Wenn du ganz nach rechts rückst, hat Arslan neben dir Platz. Hamide setzt sich dann daneben. So kann sie ihm übersetzen, wenn er etwas nicht ganz versteht.“

Da meldete sich Elvira und fragte neugierig: „Frau Klobe, sind das Ausländer?" „Sie sind Türken. Arslan ist in der Türkei zur Welt gekommen. Hamide ist hier geboren wie ihr auch", sagte Frau Klobe. „Arslan ist ein Jahr älter."

„Warum geht er dann in dieselbe Klasse?" „Arslan spricht nicht so gut Deutsch wie Hamide", sagte Frau Klobe. „Wenn ihr noch mehr Fragen habt, dann fragt sie doch selbst. Aber nicht jetzt. In der Pause!" Frau Klobe fing mit dem Unterricht an, und die anderen hörten auf zu fragen.

Lippel schaute sich seinen neuen Nachbarn von der Seite an. „Verstehst du Deutsch?", fragte er flüsternd. Arslan nickte. „Warum sagst du nichts?", fragte Lippel weiter. Arslan kramte in seiner Büchertasche und tat so, als hätte er die Frage nicht gehört. „Warum kommt ihr erst jetzt in die Klasse? Mitten im Schuljahr?", flüsterte Lippel.

Es war Hamide, die antwortete. „Unser Vater ist umgezogen. Wegen der Arbeit“, flüsterte sie. „Wie heißt du?“, fragte Hamide. „Lippel“, flüsterte er. Sie war der erste Mensch, der nicht gleich nachfragte: „Was ist das denn für ein Name?“ Sie wiederholte „Lippel“, nickte und schien das normal zu finden.

Um zwölf, als der Unterricht zu Ende war, griff Arslan in seine Jackentasche. Er holte drei Bonbons heraus. Eines gab er Hamide, eines wickelte er für sich selbst aus dem Papier, das dritte hielt er Lippel hin. „Für mich?“, fragte Lippel überrascht. Arslan nickte. „Danke“, sagte Lippel.

Lippel betrachtete das Bonbonpapier. Es sah auf den ersten Blick ganz normal aus: rot, mit grünen Punkten. Aber die Schrift war anders. Er konnte sie nicht lesen. Kein Zweifel: Das war Türkisch.

Fortsetzung folgt

**1. Was hast du im Kapitel erfahren?
Verbinde so, dass die Aussagen stimmen.**

Zwei Kinder kommen neu	Geschwister.
Die Kinder sind	Hamide.
Die Schwester heißt	in die Klasse.
Der Bruder heißt	gut Deutsch sprechen.
Sie können unterschiedlich	Arslan.

**2. Arslan schenkt Lippel ein Bonbon.
Welches Bonbon hat er Lippel geschenkt?
Male es in den richtigen Farben aus.**

3. In welchem Land ist Arslan geboren? Vervollständige den Satz.

Arslan ist in der ______________________ geboren.

4. Male das Land auf der Karte farbig aus.

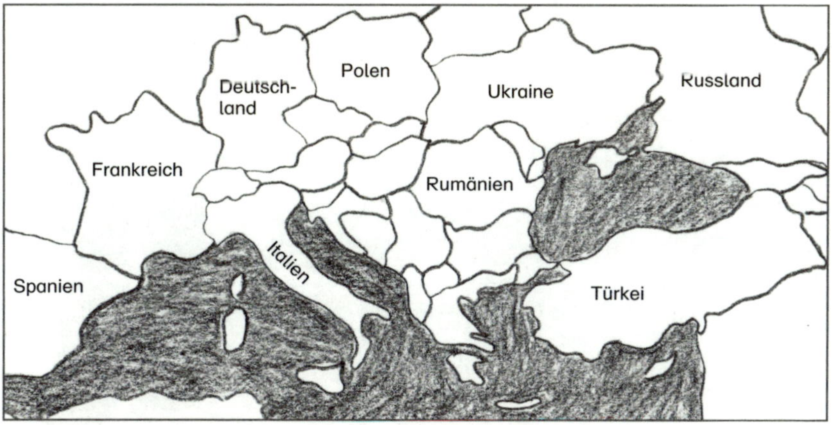

5. Was wisst ihr über das Land? Kennt ihr Dinge oder Lebensmittel von dort? Schreibt und malt auf ein Plakat. Tipp: Ihr könnt euch auch im Internet informieren.

6. Eine Schülerin fragt, ob Hamide und Arslan Ausländer sind. Die Lehrerin antwortet: „Sie sind Türken.“ Warum ist es besser, einen Menschen nach seinem Herkunftsland zu benennen? Sprecht in der Klasse darüber.

Kapitel 4

Als Lippel von der Schule nach Hause kam, blieb er überrascht im Flur stehen. Er hörte im Wohnzimmer jemanden reden. Sollten seine Eltern doch nicht abgereist sein? Er stürzte zur Wohnzimmertür und öffnete sie. In einem der Sessel saß Frau Jakob und telefonierte. „Geh schon mal in die Küche und deck den Tisch!“, befahl sie ihm. „Ich komme gleich nach. Das Essen ist gleich fertig.“

Lippel ging in die Küche, während Frau Jakob im Wohnzimmer weiter telefonierte. Lippel stellte zwei Teller auf den Küchentisch und legte das Besteck daneben.

Im ersten Topf schwammen breite Nudeln im sprudelnden Wasser. Nicht schlecht. Er schaute in den zweiten Topf und ließ den Deckel gleich wieder fallen vor Schreck. Das war ja Tomatensuppe! Tomatensuppe, das hässlichste, grässlichste, scheußlichste und gemeinste Mittagessen, das sich je ein Mensch ausgedacht hatte! Lippel drehte sich empört um, verließ auf der Stelle die Küche und schloss sich im Klo ein.

Er wartete eine Viertelstunde. Da niemand kam und ihn aufforderte herauszukommen, ging er zurück in die Küche. Frau Jakob saß am Tisch und aß. Die Nudeln standen auf dem Tisch, daneben eine Schüssel mit Salat und eine mit der Tomatensuppe. „Na, das hat aber lange gedauert“, sagte Frau Jakob zur Begrüßung. „Guten Appetit! Hast du dir die Hände auch mit Seife gewaschen?“

„Das ist ja Tomatensuppe!“, sagte Lippel vorwurfsvoll. „Hat Ihnen mein Vater nicht gesagt, dass wir alle keine Tomatensuppe mögen?“ „Doch, das hat er erzählt“, sagte Frau Jakob. „Aber das ist keine Tomatensuppe. Das ist Tomatensoße.“ „Aber das ist doch das Gleiche“, sagte Lippel empört.

Frau Jakob lud seinen Teller mit breiten Nudeln voll und fuhr mit einem großen Löffel in die Tomatensoße und wollte sie über die Nudeln auf Lippels Teller gießen. „Nein, ich kann nicht“, sagte Lippel verzweifelt. „Ich kann ja die Nudeln mit viel Salat essen“, schlug Lippel vor. Frau Jakob schaute gekränkt über ihn hinweg und sagte nichts zu diesem Vorschlag.

Lippel fing an, die Nudeln zu essen. Frau Jakob löffelte währenddessen ihr Schüsselchen leer. „Was essen Sie eigentlich?“, fragte Lippel. „Ich esse Jogurt.“ „Was haben Sie mit den Deckeln gemacht?“ Lippel war ganz aufgeregt. „Welche Deckel?“, fragte Frau Jakob. „Die Jogurtdeckel! Ich brauche doch die Punkte“, rief Lippel. „Wo sind die Deckel?“

„Im Mülleimer. Tut mir leid“, sagte Frau Jakob.
Lippel sprang auf, rannte zum Mülleimer und suchte zwischen den Küchenabfällen.
„Was machst du da? Pfui!“, rief Frau Jakob.
Lippel hatte die beiden Deckel gefunden und steckte sie schnell in die Hosentasche.
„Philipp, gib sofort den Abfall her!“, rief Frau Jakob aufgeregt. „Mach sofort deine Tasche leer!“

Lippel griff in eine Hosentasche und zog alles heraus, was er darin aufbewahrt hatte.
Ehe er aber die beiden neuen Deckel aussortieren konnte, hatte Frau Jakob ihm alles weggenommen.
Sie zerriss es und warf es in den Mülleimer.
„So, und nun wäschst du dir auf der Stelle die Hände, hörst du!“, rief sie. „Mein Gott, ist das eklig!“

„So eine Gemeinheit!“, rief Lippel.
„Sie haben alles weggeworfen! Das war doch auch das türkische Papier. Und der Punkt von heute morgen. Es war doch gar nicht alles schmutzig.
Sie haben drei Punkte kaputt gemacht. Drei Punkte!“
„Jetzt setz dich wieder hin und iss endlich!“
„Nein, danke. Ich habe keinen Hunger“, sagte Lippel, ließ Frau Jakob in der Küche stehen, ging hinauf in sein Zimmer und warf sich auf sein Bett.

Fortsetzung folgt

**1. Lippel kommt nach der Schule nach Hause.
Was hört er?
Kreuze an.**

- ❑ Lippel hört Stimmen aus dem Fernseher.
- ❑ Lippel hört Frau Jakob im Wohnzimmer telefonieren.
- ❑ Lippel hört unheimliche Geräusche im Wohnzimmer.

**2. Was gibt es zum Mittagessen?
Ergänze die Wörter.
Tipp: Lies noch einmal Seite 21 und 22.**

Zum Mittagessen gibt es

breite N__________ mit T____________________

und S__________ .

**3. Lippel schließt sich für eine Viertelstunde im Badezimmer ein.
Wie viele Minuten sind das?
Schreibe die richtige Zahl in den Punkt.**

30 / 15 / 60

4. Lippel und seine Eltern mögen keine Tomatensuppe. Was magst du überhaupt nicht? Schreibe oder male ein Verbotsschild.

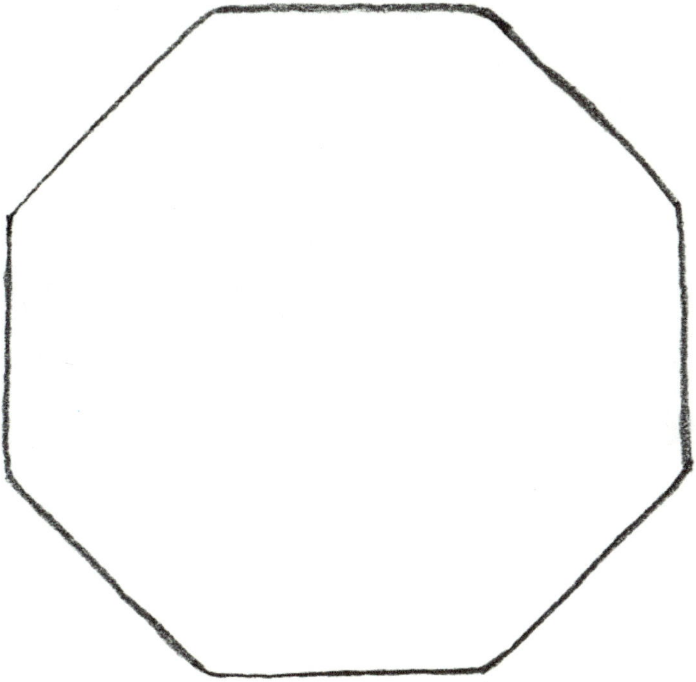

5. Lippel und Frau Jakob sitzen beim Essen. Lippel erfährt, dass Frau Jakob die Sammelpunkte in den Müll geworfen hat. Was passiert? Spielt die Szene in der Klasse. Tipp: Lest noch einmal auf Seite 22 ab Zeile 52.

Kapitel 5

Langsam verflog Lippels Wut. Jetzt fand er es schon fast schade, dass er die Nudeln nicht gegessen hatte. Er legte sich auf die Seite. Dabei raschelte etwas unter der Decke, die über sein Bett gebreitet war. Er hob sie ein wenig hoch und fand auf seinem Kopfkissen ein Blatt Papier.

Das war eine Botschaft von seinem Vater! Da stand:

Hallo, Lippel! Guten Abend!
Na, wie war der erste Tag ohne uns?
Die Gute-Nacht-Verpflegung befindet sich
in der Tasche von deinem Bademantel.
Zähneputzen hinterher!
Gute Nacht! Dein Vater

Lippel wühlte in den Taschen seines Bademantels und stieß auf eine Tafel Milchschokolade mit ganzen Nüssen, seine Lieblingssorte! Er schob sich einen Riegel in den Mund. Und in der Tasche befand sich auch ein Buch! Es hieß: „Die Erzählungen aus Tausendundeiner Nacht“.

Es gab viele Geschichten darin, zum Beispiel: „Die Geschichte von Sindbad dem Seefahrer“ und „Die Geschichte vom König und seinem Sohn“. Und alle wurden von einer Frau erzählt. Sie hieß Scheherazade. Seltsamerweise schien sie nur nachts zu erzählen.

Lippel schlug das Buch auf und steckte sich noch ein Stück Schokolade in den Mund. Er lehnte sich wohlig ins Kissen zurück und fing an zu lesen.

„Einst lebte in alten Zeiten und längst verschollenen Vergangenheiten ein König …“

Aber Lippels Tür wurde geöffnet und Frau Jakob schaute herein. „Das ist die Höhe!“, sagte sie ärgerlich. „Jetzt weiß ich, warum du keinen Hunger hast. Du gibst mir sofort das Buch und setzt dich an deinen Tisch hier! Schließlich musste ich deinen Eltern versprechen, dass ich auf deine Hausaufgaben achte.“ Dann streckte sie die Hand aus und sagte: „Das Buch!“ Lippel gab es ihr zögernd.

„Heute wirst du keine Zeile mehr lesen“, sagte sie grimmig und klemmte sich das Buch unter den Arm. „Auch nicht heute Abend? Wenn ich mit den Hausaufgaben fertig bin?“, fragte Lippel. „Auch nicht heute Abend!“, sagte Frau Jakob bestimmt und schritt aus dem Zimmer.

Fortsetzung folgt

1. Welche Schokolade isst Lippel am liebsten?
Male die richtige Verpackung farbig aus.

2. Welches Buch findet Lippel?
Kreuze an.

- ❑ Die Geschichten aus Tag und Nacht
- ❑ Die Erzählungen von 111 Tagesreisen
- ❑ Die Erzählungen aus Tausendundeiner Nacht

**3. Wer erzählt die Geschichten in dem Buch?
Ergänze die Vokale (die Selbstlaute).
Tipp: Lies noch einmal Seite 27.**

a / e / e / e / a

Sch_h_r_z_d_, eine Frau, erzählt die Geschichten in dem Buch.

**4. Leiht euch das Buch „Die Erzählungen aus Tausendundeiner Nacht" in der Bibliothek aus.
Lest eine Geschichte in der Klasse vor.**

**5. Lippel möchte sich bei seinem Vater für die Schokolade und das Buch bedanken.
Was könnte er seinem Vater simsen?
Schreibe auf die Linien.**

Lieber Papa,

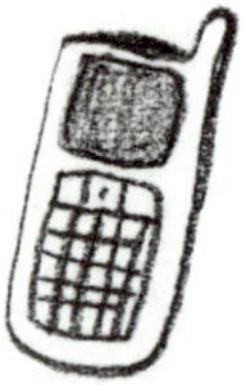

6. Nicht nur Lippel muss Hausaufgaben machen. In welchen Fächern bekommst du oft Hausaufgaben auf?

a) Schreibe die Namen der Fächer auf die Linien.

b) Welche der Fächer magst du gern? Welche magst du nicht gern? Male passende Gesichter hinter die Fächer.

7. Wie heißt dein Lieblingsbuch? Schreibe den Titel auf.

Kapitel 6

Nach dem Abendessen schauten Lippel und Frau Jakob gemeinsam im Wohnzimmer Fernsehen. Gelangweilt sah sich Lippel im Zimmer um. Und plötzlich entdeckte er, wo Frau Jakob sein Buch versteckt hatte. Es lag oben auf dem Wohnzimmerschrank! Lippel überlegte angestrengt, wie er an das Buch herankommen könnte. Er musste Frau Jakob aus dem Zimmer locken. Aber wie?

Da löste sich das Problem von selbst. „Habt ihr eigentlich keine Erdnüsse oder so was?“, fragte Frau Jakob und stand auf. „Doch, im Küchenschrank“, sagte Lippel schnell.

Kaum war sie aus dem Zimmer, huschte er zum Schrank, holte das Buch herunter und schob es unter seinen Pullover. Als Frau Jakob zurückkam, saß er wieder im Sessel, äußerlich ruhig. Aber sein Herz klopfte aufgeregt. Lippel blieb aus Vorsicht bis acht Uhr sitzen und protestierte auch ein bisschen, als er ins Bett sollte. Er durfte ja keinen Verdacht erregen.

Lippel wartete etwa eine Viertelstunde. Dann stieg er aus dem Bett, holte das Buch und schlich zu seinem Verschlag hinüber. Nachdem er die Tür leise zugezogen hatte, knipste er das Licht an. Dann lehnte er sich zurück und fing an, von dem König zu lesen, der sich so lange und so sehr einen Sohn gewünscht hatte. Der König wandte sich an Allah, den Erhabenen, und flehte ihn an, ihm einen Sohn zu schenken. Und das schien auch zu nutzen, denn die Königin gebar ihm einen Sohn, schön wie der runde Mond.

Hier hielt Lippel inne und lauschte. Es war ihm, als hätte er draußen etwas gehört. Aber bestimmt hatte er sich getäuscht. Er las weiter:

„Und jener Knabe wuchs heran. Ein weiser Mann mit Namen Sindbad unterrichtete ihn auf ganz besondere Art und Weise. Und als der Knabe zehn Jahre alt geworden war, gab es niemanden, der so gebildet und so wohlerzogen war wie dieser Prinz.

Eines Tages aber schaute Sindbad der Weise in die Sterne. Und da erkannte er, dass großes Unglück über die Familie des Prinzen kommen werde, wenn der Prinz in den nächsten sieben Tagen nur ein einziges Wort rede. Er eilte zum Prinzen und beschwor ihn, sieben Tage lang zu schweigen, wenn ihm sein Leben lieb sei. Und der Prinz redete fortan kein Wort.

Dem König kam zu Ohren, dass sein Sohn sich weigere, nur ein einziges Wort zu sprechen. Er ließ ihn zu sich rufen und fragte ihn, was sein Schweigen bedeute. Aber der Prinz antwortete nicht. Da war der König ratlos …“

6

In diesem Augenblick wurde die Tür zu Lippels Verschlag heftig aufgerissen. Frau Jakob stand vor ihm und rief: „Hier sitzt du! Ich suche dich im ganzen Haus, ich dachte schon …“ Jetzt entdeckte sie das Buch in Lippels Hand. „So eine Frechheit! Gib das Buch her!“, befahl sie. „Sofort ins Bett!“

Lippel ging in sein Zimmer und legte sich ins Bett. „Das sag ich dir: Dieses Buch wirst du nicht wiedersehen, bis deine Eltern kommen!“ Mit diesen Worten ließ sie Lippel allein. Lippel lag in seinem Bett und fühlte sich elend. Frau Jakob war sehr, sehr ärgerlich gewesen. Das Buch würde sie ihm nicht wiedergeben. Weder morgen noch übermorgen. Davon war er überzeugt.

Dabei hätte er zu gern gewusst, wie die Geschichte vom stummen Prinzen weiterging! Ob der Prinz es schaffte, eine Woche lang kein einziges Wort zu sagen? Lippel nahm sich vor, die Geschichte einfach weiterzuträumen …

Fortsetzung folgt

1. **Lippel schaut mit Frau Jakob zusammen Fernsehen. Er langweilt sich dabei.**

a) **Wie oft siehst du fern? Kreuze an.**

- ❑ nie
- ❑ 1- bis 3-mal in der Woche
- ❑ fast jeden Tag
- ❑ jeden Tag

b) **Bei welcher Fernsehsendung langweilst du dich? Schreibe den Namen auf.**

____

2. **Lippel würde viel lieber die Geschichte lesen. Worum geht es in der Geschichte? Beantworte die Frage mit einem vollständigen Satz.**

In der Geschichte geht es um einen König, der

____

____

**3. In der Geschichte fleht der König Allah an.
Lies die Erklärung zu „Allah“.**

Allah ist der Name des Gottes, an den Moslems glauben. Moslems gehören der Religion des **Islam** an.

**4. Welche anderen Religionen kennt ihr?
Sprecht in der Klasse darüber.**

**5. Der König bekommt einen Sohn.
Der Sohn des Königs ist ein Prinz.
Wer unterrichtet den Prinzen? Kreuze an.**

- ☐ Frau Klobe
- ☐ Frau Jakob
- ☐ Sindbad der Weise
- ☐ der König

**6. Der weise Lehrer rät dem 10-jährigen Prinzen, eine Woche lang zu schweigen.
Warum soll er das tun? Sprecht darüber.
Tipp: Lest noch einmal Seite 34.**

**7. Stell dir vor, du möchtest dir in einer Eisdiele ein Eis kaufen. Aber du darfst nicht sprechen.
Was tust du?
Spiele mit einem anderen Kind vor.**

Kapitel 7

Es gibt Menschen, die behaupten allen Ernstes, dass sie nie träumen würden. Aber manche Menschen vergessen sofort wieder, was sie geträumt haben. Darum meinen sie am nächsten Morgen, sie hätten überhaupt nicht geträumt. Dann gibt es Menschen, die können sich beim Aufwachen noch an jede Einzelheit ihres Traumes erinnern. Das war bei Lippel so.

Er träumte so lebhaft, dass er manchmal in der Erinnerung Traum und Wirklichkeit nicht auseinanderhalten konnte. So war es gar nicht weiter verwunderlich, dass Lippel die angefangene Geschichte aus dem Buch einfach im Traum weiter erlebte.

Der morgenländische Palast sah ganz so aus, wie es sich Lippel beim Lesen vorgestellt hatte: An den Wänden hingen kostbare Teppiche. In der Mitte des Raumes war ein Springbrunnen. Vor einem besonders prächtigen Wandteppich stand ein Thron, und auf diesem saß der König.

Neben dem König stand eine Frau. Sie war in grüne Gewänder gehüllt. Doch das war nicht die Königin. Es war die Tante des Prinzen. Sie hasste den Prinzen aus tiefstem Herzen. Lange hatte sie gehofft, dass ihr Sohn der Nachfolger des Königs werden würde. Deshalb war sie so böse, als dem König schließlich doch ein Sohn geboren wurde. Jetzt, da der Prinz stumm war, sah sie die Gelegenheit gekommen, ihre Wut an ihm auszulassen.

Sie entwendete das Lieblingsbuch des Königs und versteckte es heimlich unter dem Kopfkissen des Prinzen.

Als nun der König am Nachmittag mit dem Regieren fertig war und nach seinem Buch greifen wollte, da war das Buch verschwunden. Und obwohl siebzehn Diener, die Palastwachen des Königs und schließlich sogar die Königin und ihre fünf Töchter den ganzen Raum absuchten, blieb es verschwunden.

Da meldete sich die Tante des Prinzen zu Wort. „Mächtiger König“, sagte sie. „Ich weiß, wo sich das Buch befindet. Doch fürchte ich Euren Zorn, wenn ich den Dieb des Buches anzeige. Euren Sohn, Prinz Asslam!“ „Willst du sagen, mein einziger, eigener Sohn hätte mein Lieblingsbuch gestohlen?!“, rief der König. „So ist es“, sagte die Tante und verbeugte sich tief.

„Das ist eine ungeheure Anschuldigung“, sagte der König entrüstet. „Wenn du gelogen hast, wirst du zur Strafe aus meinem Land verbannt!“

7

„Und wenn ich die Wahrheit gesagt habe?“, fragte die Tante schnell. „Dann – dann – dann muss der Prinz verbannt werden!“, antwortete der König. Und der König begab sich ins Zimmer des Prinzen. Wie groß waren das Entsetzen und der Zorn des Königs, als er sein Lieblingsbuch wirklich unter dem Kopfkissen des Prinzen entdecken musste. „Mein Sohn ein Dieb!“, schrie er. „Bestiehlt den eigenen Vater!“

Der Prinz stand dabei und wusste nicht, wie ihm geschah. Er durfte ja nicht sprechen, konnte sich nicht verteidigen und schaute verzweifelt zu Boden.

Der König hielt das Schweigen des Prinzen für ein Schuldgeständnis. Und was er vor so vielen Zeugen versprochen hatte, musste der König nun halten. Er befahl seiner Palastwache: „Packt den Prinzen Asslam und schafft ihn über die Landesgrenze! Er sei verbannt und soll nie mehr hierher zurückkommen!“

Fortsetzung folgt

1. **Lippel kann sich gut an Träume erinnern. Manchmal weiß er aber nicht, ob er etwas wirklich geträumt oder ob er es erlebt hat. Träumt einmal gemeinsam:**
   - **Setzt euch in einem Kreis zusammen.**
   - **Schließt die Augen und lasst sie geschlossen.**
   - **Das erste Kind beginnt. Es sagt:**

     „Heute Nacht habe ich geträumt,
     ich fliege mit einer Wolke fort."

   - **Das zweite Kind erzählt den Traum weiter.**
   - **Erzählt so lange, bis jeder etwas erzählt hat.**

2. **Wohin möchtest du mit einer Wolke fliegen? Male in die Wolke.**

3. Lippel träumt von einem morgenländischen Palast.
Das bedeutet, der Palast liegt im Morgenland.
Wo ist das?
Informiert euch in einem Lexikon oder im Internet.

4. Was ist in dem Palast? Kreuze an.

❑ der Springbrunnen
❑ der Thron
❑ das Poster
❑ der Hocker
❑ die Stehlampe
❑ der Wandteppich

5. Was passiert im Traum? Ergänze die Sätze.

Prinz / König / Tante / Tante / Prinzen

Die ____________ versteckt das Lieblingsbuch des Königs im Zimmer des Prinzen. Sie sagt, der ____________ habe das Buch gestohlen. Der ____________ findet das Buch im Zimmer des Prinzen. Der König glaubt der ____________, weil der Prinz schweigt. Er verbannt den ____________, das heißt, er schickt ihn für immer fort.

Kapitel 8

Hamide, die Lieblingsschwester des Prinzen, warf sich vor ihrem Vater auf die Knie und bat um Gnade für ihren Bruder. Darüber wurde der König noch zorniger und er schrie: „Wenn sie für einen Dieb bittet, so mag sie auch mit dem Dieb gehen. Hiermit verbanne ich auch Hamide!“

„Aber das ist ungerecht!“, rief Lippel. „Sie können doch nicht einfach …“ Erschrocken hörte er auf zu reden, denn alle drehten sich nach ihm um. „Wer ist dieser Fremdling? Wie kommt er hierher? Wie heißt er? Was will er?“, fragte der König.

Das waren ein bisschen viel Fragen auf einmal. Deshalb antwortete Lippel erst einmal gar nicht. Die Tante, die spürte, wie gefährlich ihr Lippel werden konnte, nutzte das aus und rief sofort: „Das ist ein Gehilfe des Prinzen, sein Freund!“ „Ist er das?“, fragte der König. „Dann wird er hiermit auch verbannt. Packt alle drei und schafft sie aus dem Land!“ Und ehe Lippel sich wehren konnte, hatte die Palastwache ihn, den Prinzen und die Prinzessin ergriffen und aus dem Palast gezerrt.

Der Führer der Palastwache wählte zwei Männer aus, die mit ihm und den Verbannten reiten sollten. Man brachte sechs Reitpferde und zwei Packesel. Die Kinder mussten auf die Pferde steigen. Und schon ritt man aus dem Hof des Palastes, durch die Hauptstadt, hinaus in die Wüste.

Sie mochten vielleicht eine Stunde geritten sein, als sie hinter sich einen Reiter entdeckten. Der Anführer befahl der kleinen Karawane anzuhalten. Der unbekannte Verfolger näherte sich in rasendem Galopp. Es war die Tante des Prinzen. „Ich habe mit dir zu reden!“, sagte sie streng zu dem Anführer. „Mit dir allein!“

Die beiden anderen Wächter entfernten sich sofort. Der Anführer hatte Lippels Bewachung übernommen. Denn der Fremde schien ihm am gefährlichsten zu sein. Niemand kannte ihn, und er war in seltsame Gewänder gehüllt. (Lippel trug seinen gelben Regenmantel über dem Schlafanzug.) So blieb Lippel in der Nähe des Anführers und konnte mithören, was er und die Tante sprachen.

Die Tante des Prinzen flüsterte: „Sorge dafür, dass die Gefangenen nicht zurückkommen werden! Nie mehr, verstehst du!“ Der Anführer der Wache erbleichte. Nur Lippel wusste, in welcher Gefahr er und die beiden anderen Kinder schwebten. Sie ritten weiter. „Wir sind in großer Gefahr“, sagte Lippel leise. „Sie wollen uns töten!“

Prinz Asslam schüttelte heftig den Kopf. Prinzessin Hamide sagte: „Du musst dich täuschen! Unser Vater würde nie befehlen, uns zu töten.“ „Eure Tante hasst Asslam! Sie wünscht seinen Tod.“ Lippel erzählte, was er beobachtet und gehört hatte.

Die beiden lauschten erschrocken. „Wir müssen fliehen!“, sagte Hamide, Asslam nickte. „Aber wie?“, fragte Lippel. Alle drei schwiegen, dachten nach. Plötzlich packte der Prinz Lippel heftig am Arm und wies aufgeregt in die Wüste. Am Horizont war eine kleine dunkle Wolke zu sehen. Ob er die meinte?

„Dort kommt ein Sandsturm!“, sagte Hamide. „Wenn es eine Gelegenheit zur Flucht gibt, dann während des Sandsturms. Ein Sandsturm ist schrecklich, du wirst es erleben. Du brauchst ein Tuch für Nase und Mund. Nimm dieses Tuch hier!“, sagte sie und reichte ihm ihr geblümtes Kopftuch. „Wir fliehen, wenn der Sturm losbricht. Selbst wenn sie uns verfolgen, werden sie uns nicht finden.“

Fortsetzung folgt

1. Was hast du über die Lieblingsschwester des Prinzen erfahren? Ergänze die Sätze.

Die Lieblingsschwester des Prinzen

heiβt ____________________ .
(Hermine / Hamide)

Sie versucht ____________________ zu helfen.
(der Tante / ihrem Bruder)

Deshalb ____________________ der König sie auch.
(belohnt / verbannt)

2. Warum findet Lippel es ungerecht, dass der Prinz und seine Schwester verbannt werden?

a) Sprich mit einem anderen Kind darüber.

b) Trage deine Meinung in der Klasse vor.

**3. Lippel wird als Fremdling im Palast erkannt. Welche Kleidung hat Lippel an? Male die richtigen Kleidungsstücke farbig aus.
Tipp: Lies noch einmal Seite 46.**

4. Lippel ist jetzt erst in einem Palast, dann in der Wüste. Wie ist er dorthin gekommen?

a) Lies die Antworten.

Lippel ist nachts heimlich bis in die Wüste im Morgenland gereist.

Lippel hat einen Zaubertrank getrunken und sich in den Palast nahe der Wüste gezaubert.

Lippel hat sich in den Palast und die Wüste hineingeträumt.

b) Welche Antwort ist richtig? Überlege mit anderen Kindern zusammen.

c) Unterstreiche die richtige Antwort.

5. Die Kinder schützen sich vor dem Sandsturm. Was gibt Hamide Lippel zum Schutz? Male das richtige Bild farbig aus.

Kapitel 9

Die Wächter hatten die Wolke ebenfalls bemerkt. Sie war erstaunlich schnell gewachsen und stand wie eine drohende Gewitterwand am Horizont.

„Schnell, hüllt euch fest in eure Gewänder! Bedeckt Augen, Mund und Nase!“, befahl der Anführer. „Ein Sandsturm kommt. Er ist gleich hier.“

Gefangene wie Wächter kauerten sich auf die Erde.

Dann wurden auch schon Millionen kleiner Sandkörner mit fürchterlicher Gewalt gegen Lippels Körper geschleudert, verstopften ihm die Nase, reizten seine Augen und drangen selbst durch seinen Regenmantel. Er schlang seine Arme um den Kopf und rang mühsam nach Luft.

Jemand rüttelte an seinem Arm. Es war Asslam. Lippel schaute hinüber zu den Wächtern. Sie hatten ihre dunklen Wollmäntel über den Kopf gezogen. Die drei Kinder fassten sich bei den Händen und kämpften sich hinüber zu den Pferden. Sie lösten die Stricke der sechs Pferde, hielten drei am Zügel fest und ließen die anderen frei. Die Pferde der Wächter stürmten davon.

Dann ritten die drei los. Die Wächter hatten noch immer nichts gemerkt. Das Heulen des Sturmes übertönte das Hufgetrappel. Asslam ritt voraus, dahinter ritt Hamide. Lippel wollte sein Pferd dicht hinter den beiden anderen halten. Aber der Wind verfing sich in seinem Regenmantel, blähte ihn auf, und er flog beinahe davon. Das verängstigte Pferd erschrak, warf Lippel ab und stürmte hinaus in die Wüste.

„Wartet auf mich!“, schrie Lippel. Aber das Tosen des Sturmes war so stark, dass nicht einmal Lippel selbst seine Stimme hörte. Ein besonders heftiger Windstoß riss ihm fast das Tuch aus der Hand.

Lippel schlug mit den Armen um sich, bekam plötzlich wieder Luft, atmete tief ein – und wachte auf. Frau Jakob stand im grünen Morgenmantel neben seinem Bett und hatte sein Kopfkissen in der Hand. „Guten Morgen, Philipp“, sagte sie. „Du musst aufstehen. Schläfst du immer mit dem Kopfkissen auf dem Gesicht? Bekommst du da überhaupt Luft?“

„Ist der Sturm vorbei?“, fragte Lippel verwirrt. „Ach, du meinst das Gewitter heute Nacht. Hast du es gehört? Aber jetzt ist es vorbei.“ Sie zog die Vorhänge auf. „Siehst du, die Sonne scheint. Höchste Zeit zum Aufstehen!“ „Ja“, sagte Lippel. „Die Sonne scheint wirklich wieder. Die Sonne. Kein Sand mehr. Ich bin gerettet“, murmelte Lippel und setzte sich auf. Er musste erst einmal seine Gedanken ordnen. Lippel war zu Hause, in seinem Bett.

Alles war also ein Traum gewesen. Aber was war mit den anderen beiden? Waren auch sie aufgewacht und hatten festgestellt, dass sie alles nur geträumt hatten? Oder irrten sie immer noch durch den Sandsturm?

Beinahe wäre er zu spät zur Schule gekommen. Arslan und Hamide saßen schon da. Lippel stellte es fast verwundert fest. „Das war vielleicht ein Sturm!“, flüsterte Lippel. „Was für ein Sturm?“, fragte Hamide erstaunt. „Na, heute Nacht“, sagte Lippel. Frau Klobe unterbrach ihn. „Philipp, ich möchte gerne anfangen!“ „Ja, ja!“, sagte Lippel und packte seine Sachen aus.

Aber er schaffte es nur ganz kurz, ruhig zu sein. Frau Klobe erklärte an der Tafel eine neue Aufgabe. Lippel flüsterte: „Du, Asslam …“ Arslan schüttelte unwillig den Kopf und sagte: „Nicht Asslam. Arslan mein Name.“ Es war das erste Mal, dass er mit Lippel redete. „Jetzt reicht es mir aber!“, rief Frau Klobe. „Philipp, du rückst ganz nach rechts. Arslan, du setzt dich nach links! Dann wird es hoffentlich ein bisschen leiser da hinten.“

Fortsetzung folgt

1. **Bei einem Sandsturm sieht man gar nicht gut. Erkennst du, was auf dem Bild zu sehen ist?**

a) **Überlege mit anderen Kindern.**

b) **Verbinde die dicken Punkte der Reihe nach. Die Zahlen helfen dir.**

c) **Du kannst das Bild auch farbig ausmalen.**

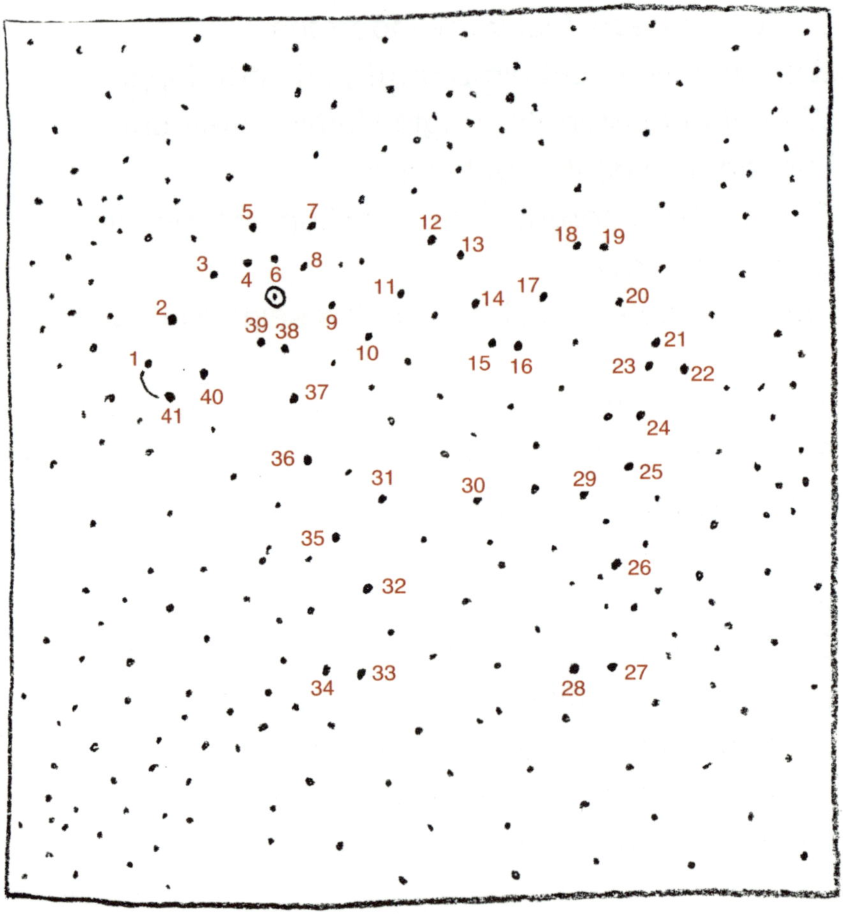

2. **Wie viele Kinder bringen die Wächter in die Wüste? Trage die Zahl in den Punkt ein.**

3. **Lippel spricht Arslan in der Schule mit dem Namen Asslam an. Warum passiert ihm das? Überlegt gemeinsam. Die Bilder helfen euch.**

Kapitel 10

Zum Mittagessen gab es Nudelauflauf mit Blumenkohl. Nach dem Essen ging Lippel in sein Zimmer und machte Hausaufgaben. Als auch das getan war, fragte Lippel: „Darf ich vielleicht doch ein bisschen in meinem Buch lesen?“ Die Antwort von Frau Jakob war kurz und so, wie er es erwartet hatte: „Nein, das darfst du nicht!“ So sagte Lippel: „Dann besuche ich jetzt mal Frau Jeschke“, und ging schnell aus dem Haus.

Frau Jeschke stand gerade vor der Haustür und fütterte einen Hund. „Hallo, Frau Jeschke!“, begrüßte Lippel sie. „Was ist denn das für ein Hund?“ „Ach, der streicht schon den ganzen Tag hier herum. Aber komm mit herein. Jetzt wirst du gefüttert!“

Lippel erzählte Frau Jeschke die ganze Geschichte mit Frau Jakob, den Sammelpunkten, der Tomatensoße und dem Buch. Frau Jeschke hörte aufmerksam zu und schüttelte ungläubig den Kopf. „Zu dumm!“, sagte sie, als er fertig war. „Und nun ist dein Buch weg, und du weißt nicht, wie die Geschichte weitergeht.“

„Ja, das ist wirklich dumm“, sagte Lippel. „Obwohl ich mir schon denken kann, wie die Geschichte weitergeht. Ich hab sie nämlich weitergeträumt.“ „Weitergeträumt? Das ist schlau!“ Frau Jeschke lachte. „Träumt die Geschichte einfach weiter!“ „Ganz so schlau ist das auch nicht. Sie ist noch lange nicht zu Ende.“ „Da hilft nur ein Fortsetzungstraum“, sagte Frau Jeschke eifrig. „Vielleicht hast du Glück!“

„Was ist denn ein Fortsetzungstraum?“ Frau Jeschke dachte nach: „Ungefähr so: Man träumt eine Geschichte. Dann ist die Nacht vorbei, und der Traum ist zu Ende, aber noch nicht die Geschichte. Und in der nächsten Nacht träumt man da weiter, wo man letzte Nacht aufhören musste. So lange, bis die Geschichte zu Ende ist.“ „Dann geh ich mal gleich wieder nach Hause“, sagte Lippel und stand auf. „Ich muss ins Bett, sonst träume ich die Geschichte nicht zu Ende.“

Nach dem Abendessen (Reissalat mit hart gekochten Eiern) fragte Lippel: „Darf ich jetzt ins Bett gehen?“ „Warum denn das? Was willst du denn so früh im Bett?“ Frau Jakob war ganz unruhig. „Ich will schlafen“, sagte Lippel. „Nur schlafen.“

So blieb Frau Jakob nichts anderes übrig, als Lippel zu ermahnen, sich vorher aber die Zähne zu putzen. Lippel erledigte das im Schnelldurchgang. Er rief Frau Jakob „Gute Nacht!“ zu und konnte endlich ins Bett. Er deckte sich gut zu, und während er noch darüber nachdachte, wie sein letzter Traum eigentlich geendet hatte, schlief er auch schon ein und fing an zu träumen.

Fortsetzung folgt

1. Was bekommt Lippel zum Mittagessen?
Lies nach auf Seite 56.
Schreibe auf die Linien.

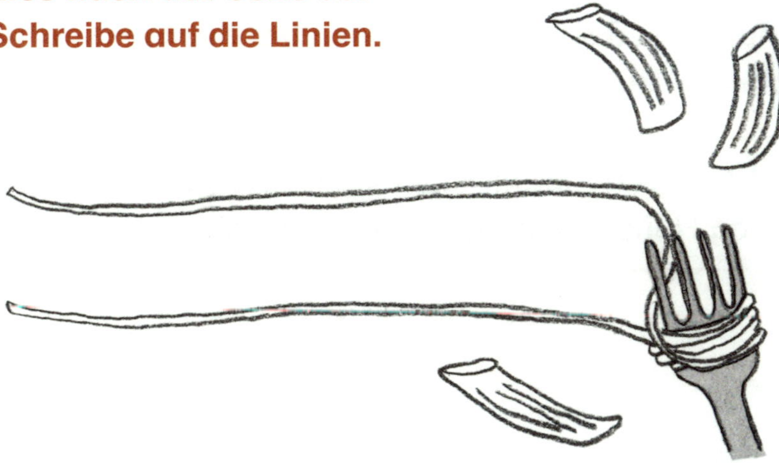

2. Was macht Lippel nach dem Mittagessen?
Kreuze an.

- ❑ Lippel geht mit Asslam Fußball spielen.
- ❑ Lippel spielt mit Hamide Halma.
- ❑ Lippel guckt aus dem Fenster.
- ❑ Lippel macht Hausaufgaben.

3. Lippel möchte gern in seinem Buch weiterlesen.
Erlaubt ihm Frau Jakob das?

__________, Frau Jakob erlaubt ihm das ____________.
Ja / Nein

4. **Wer ist Frau Jeschke? Was wisst ihr über sie?**
Die Stichworte im Kasten helfen euch.
Tipp: Lest nach auf Seite 4 und Seite 57.
Schreibt fünf Sätze neben das Bild.

ältere Frau / Sammelpunkte für Lippel /
mag Hunde / lebt allein / eingemachtes Obst

**5. Lippel hat seinen Traum nicht zu Ende geträumt.
Frau Jeschke hat eine Idee.
Was schlägt sie vor? Kreuze an.**

- ❑ Frau Jeschke schlägt vor, dass sie den Traum für Lippel weiterträumt.
- ❑ Frau Jeschke schlägt einen Fortsetzungstraum vor, das heißt: Lippel träumt den Traum von Nacht zu Nacht weiter.

**6. Lippel geht am Abend ganz früh ins Bett.
Er möchte schnell weiterträumen.
Um wie viel Uhr gehst du schlafen?
Ergänze den Satz.**

Ich gehe um ____________ Uhr ins Bett.

**7. Welche Bilder passen nicht zum Bett?
Streiche sie durch.
Tipp: Überlege mit einem anderen Kind zusammen.**

Kapitel 11

Der Sandsturm hörte ebenso unvermittelt auf, wie er begonnen hatte. Lippel wischte den Sand aus seinem Gesicht. Er guckte sich um. Bis zum Horizont dehnte sich die Wüste aus. Nur Sand und flache Sanddünen. Alle hatten ihn verlassen, er war allein. Er fühlte, wie die Tränen in ihm hochstiegen. Und da er ganz allein in der Wüste saß, hielt er die Tränen nicht zurück. Er weinte und weinte.

Plötzlich glaubte er, ganz in der Nähe einen Laut zu hören. Es war, als atmete ein Tier, ein Löwe oder ein anderes gefährliches Raubtier. Lippel sprang erschrocken auf und wischte sich die Tränen aus den Augen. Da stand ein Hund! Ein magerer brauner Hund mit hellen Augen und einem auffallenden dunklen Fleck auf der Brust. Er schaute misstrauisch zu Lippel hin.

War das ein wilder Hund? War er gefährlich? Vorsichtig ging Lippel einen kleinen Schritt auf den Hund zu, und der Hund wich zurück. Lippel kniete sich in den Sand und lockte den Hund. „Komm her! Komm her zu mir!“, rief er halblaut. Der Hund kam langsam und vorsichtig näher. Er schien einzusehen, dass Lippel ihm nichts antun wollte. Er kam zu ihm und beschnupperte ihn. „Brav!“, sagte Lippel. „Braver Hund.“

Lippel berührte den Hund vorsichtig, und der wedelte mit dem Schwanz. „Jetzt bin ich wenigstens nicht ganz allein“, sagte Lippel. Der Hund winselte. Er ließ sich jetzt sogar von Lippel streicheln.

Nach einer Weile macht er sich von Lippel los, lief einige Schritte weiter, blieb dann stehen und schaute Lippel auffordernd an. „Soll ich zu dir kommen? Meinst du das?“, fragte Lippel und stapfte durch den Sand, hin zu ihm. Der Hund rannte wieder ein kurzes Stück voraus und wartete. Es war wie ein Spiel: Der Hund lief voraus, wartete, und Lippel folgte ihm.

Sie mochten auf diese Weise schon eine Stunde so gegangen sein, als Lippel plötzlich vor sich eine dunkle Staubwolke bemerkte. Zuerst erschrak er, weil er dachte, ein neuer Sandsturm stünde bevor. Dann erkannte er aber, dass sich die Wolke rasch näherte und dabei kaum größer wurde. Sie wurde wohl von einem Reiter verursacht. Oder von mehreren Reitern! Lippel hielt den Atem an.

Eine Mädchenstimme rief freudig überrascht: „Das ist ja Muck! Asslam, schau doch: Das ist Muck!“ Es war die Stimme von Hamide! Lippel sprang auf. Zwei Pferde standen so nahe bei ihm, dass er die Reiter sofort erkannte: Asslam und Hamide. „Lippel! Lippel, da bist du ja!“, rief Hamide.

„Wo ist dein Pferd? Wir suchen dich seit Stunden!“ „Mein Pferd hat mich abgeworfen. Es ist weg“, sagte Lippel kleinlaut. Asslam umarmte Lippel stumm. „Wir haben uns große Sorgen um dich gemacht“, versicherte Hamide. Asslam nickte. „Ich bin ja so froh, dass ihr da seid!“, sagte Lippel erleichtert. „Gut, dass wir uns gefunden haben.“ „Und was machen wir nun?“, fragte Hamide.

Asslam zeigte zuerst auf Lippel, dann auf sein Pferd. Er nahm Lippel am Arm, führte ihn zu seinem Pferd, ließ ihn aufsitzen und schwang sich dann hinter ihm auf den Pferderücken. „Wohin reiten wir?“, rief Lippel Hamide zu. „Zurück zur Hauptstadt!“, antwortete Hamide. „Dort verstecken wir uns. Zwei Tage lang. Dann darf Asslam wieder reden und kann Vater alles erklären.“

Frau Jakob rüttelte an Lippels Arm. „Philipp, jetzt musst du aber endlich aufwachen!“ „Ach, Sie sind es!“, sagte Lippel. Noch ein bisschen schlaftrunken wankte er ins Bad und duschte sich. Davon wurde er endlich wach.

Fortsetzung folgt

**1. Lippel ist ganz allein mitten in der Wüste.
Wie fühlt er sich? Was meinst du?
Kreise die passenden Adjektive (Wiewörter) ein.**

ängstlich verlassen mutig

traurig unruhig

schwach stark abenteuerlustig

**2. Plötzlich sieht Lippel einen Hund.
Wie sieht der Hund aus?
Ergänze die Sätze.
Tipp: Lies noch einmal Seite 63.**

Der Hund ist ____________ (dick / mager).

Er hat ____________ (helle / dunkle) Augen und

____________ (braunes / schwarzes) Fell. Auf der Brust

hat er einen ____________ (dunklen / hellen) Fleck.

**3. Male das Fell des Hundes
in den richtigen Farben aus.**

4. **Lippel hat zuerst Angst vor dem Hund.
Aber er merkt, dass der Hund nicht gefährlich ist.
Welche gefährlichen Tiere kennt ihr?
Nennt die Tiernamen. Schreibt sie auf die Linie.**

---

5. **Hast du einen Hund?
Oder wünschst du dir einen?
Erzähle von deinem Hund:**
   - **Wie sieht er aus?**
   - **Ist er ein Hund einer bestimmten Rasse?**
   - **Wie heißt dein Hund?**
   - **Was macht ihr zusammen?**

6. **Hamide und Asslam sind plötzlich wieder da.
Hamide ruft den Hund bei seinem Namen.
Wie ruft sie ihn? Kreuze an.**

❑ Momo ❑ Moby Dick ❑ Muck

7. **Kennst du die Geschichte „Der kleine Muck"?
Frage in der Bibliothek danach.**

Kapitel 12

Als Lippel das Haus verließ, blieb er wie angewurzelt stehen und starrte zur anderen Straßenseite hinüber. Drüben, vor einem Gartenzaun, saß Muck, der Hund aus seinem Traum! Lippel überquerte die Straße. Der Hund wedelte mit dem Schwanz und kam ihm entgegengelaufen. Er beschnupperte Lippels Hand und schaute erwartungsvoll zu ihm auf. Kein Zweifel, es war Muck!

Er hatte die gleichen hellen Augen und den dunklen Fleck auf der Brust. Oder war es der Hund, den Frau Jeschke gestern gefüttert hatte? „Hallo, Muck!“, sagte Lippel. Der Hund wedelte heftig mit dem Schwanz. „Ich nenne dich einfach Muck, ganz egal, welcher Hund du nun bist“, sagte Lippel.

Der Hund ging brav hinter ihm her bis zur Schule. Dort wollte er sich mit Lippel zusammen durch die Schultür zwängen. Lippel streichelte ihn noch einmal, schob ihn mit aller Kraft von der Tür weg und schloss sie schnell hinter sich.

Als Lippel aus der Schule kam, war Muck nicht da. Aber dann sah Lippel ihn vor Frau Jeschkes Haus. Lippel rief: „Hallo, Frau Jeschke! Da ist er ja!“
„Hallo, Lippel“, sagte Frau Jeschke.
„Ich weiß, wie er heißt“, sagte er. „Er heißt Muck.“
„Woher weißt du das?“
„Ich habe es geträumt!“
„Hast du deine Geschichte zu Ende geträumt?“
„Nein. Heute muss ich noch früher ins Bett als gestern, sonst träume ich wieder nicht fertig“, rief Lippel und rannte nach Hause.

12

Es dämmerte schon, als Lippel, Hamide und Asslam mit Muck beim Stadttor ankamen. Mit ihnen zusammen drängten sich viele Leute in die Hauptstadt, denn bei Einbruch der Nacht wurden die Tore geschlossen. Die drei Kinder gingen durch das Tor. Mit ihnen kamen Hirten, Bauern auf Eseln, Kaufleute auf Kamelen und viele Kinder, die von der Arbeit auf den Feldern zurückkehrten.

Drei Reiter in dunklen Mänteln kamen auf den Marktplatz zu geritten. „Die Wächter! Dort kommen die Wächter!“, rief Lippel Asslam und Hamide zu. Die Wächter näherten sich schnell. Lippel versuchte an einem vorbeizukommen. Aber der war schneller, packte ihn grob am Arm und hielt ihn fest. Mit der freien Hand griff er nach seinem Schwert. Lippel zappelte und wehrte sich. „Los, komm mit in den Palast!“, befahl der Wächter barsch. „Und versuch nicht zu fliehen!“ „Nein!“, rief Lippel. „Bitte!“

Frau Jakob steckte ihren Kopf durch die Tür und sagte: „Aufstehen, Philipp! Es ist sechs Uhr siebenundvierzig!“

Fortsetzung folgt

**1. Lippel sieht morgens vor der Schule einen Hund.
Ist das Muck, der Hund aus Lippels Traum?**

a) Sieh dir die Bilder an.

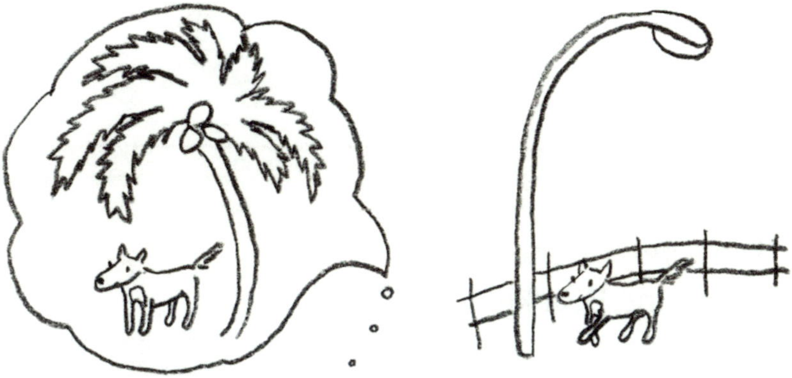

b) Sprich mit anderen Kindern darüber.

c) Was spricht dafür und was dagegen?

Es ist Muck, weil …	Es ist nicht Muck, weil …
–	–
–	–

2. Im Traum kommen Lippel und seine Freunde zu einer Stadt. Was passiert genau? Nicht alle Sätze stimmen. Kreuze an.

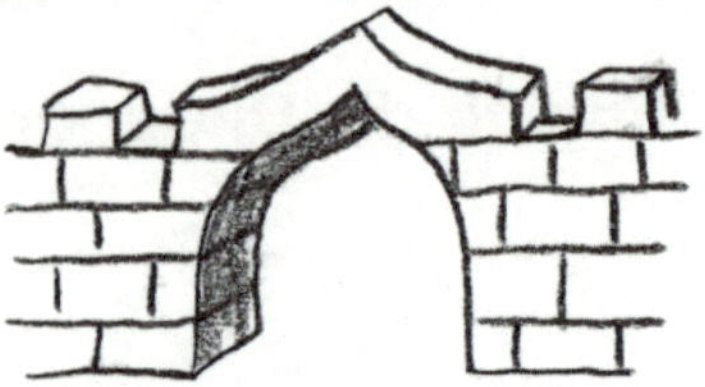

	richtig	falsch
Die Kinder gehen über eine Brücke in die Stadt.	☐	☐
Die Kinder gehen durch ein Stadttor in die Stadt.	☐	☐
Abends wird die Brücke hochgezogen.	☐	☐
Bei Einbruch der Nacht schließen die Stadttore.	☐	☐
Die Kinder reiten auf Eseln in die Stadt.	☐	☐
Mit den Kindern kommen viele Menschen in die Stadt.	☐	☐

3. Lippel träumt diese Geschichte.
Sie spielt in einem anderen Land.
Und sie spielt in einer anderen Zeit.
Woran erkennst du das?
Ergänze die Sätze.

Die Kaufleute reiten

auf ______________________ in die Stadt.
Kamelen / Pferden

Die Bauern ______________________ in die Stadt.
reiten auf Eseln / fahren in Autos

Die Kinder ______________________.
gehen zur Schule / arbeiten auf dem Feld

4. Die Wächter fangen Lippel.
Wohin wollen sie ihn bringen? Kreuze an.

- ❑ in die Wüste
- ❑ in den Palast
- ❑ in ein Gefängnis

5. Lippel wird geweckt und sein Traum bricht ab.
Wann muss Lippel aufstehen?
Kreuze den richtigen Wecker an.
Tipp: Lies noch einmal Seite 70.

❑ 

❑ 

❑ 

Kapitel 13

Nach der Schule begleitete Lippel Arslan und Hamide nach Hause. Lippel versuchte, das Namensschild an der Wohnungstür zu entziffern. „Güney“ stand da. Er hatte gar nicht gewusst, wie seine neuen Freunde mit Nachnamen hießen. Arslan klingelte. Eine junge Frau machte auf. „Meine Mutter!“, stellte Arslan vor. „Güle güle!“, sagte Lippel höflich. Die Frau lachte schallend.

Arslan und Hamide lachten mit. Lippel wurde rot. „Was ist denn? Habe ich etwas Falsches gesagt?“, fragte er verlegen. „Das war doch der türkische Gruß.“ „Aber doch nicht, wenn man kommt. Das sagt der, der geht. Das ist so wie *„Auf Wiedersehen“*, erklärte ihm Hamide. Lippel lachte auch. „So ist das!“, sagte er. „Nein, ich will nicht gleich wieder weg.“

Die drei folgten Frau Güney ins Wohnzimmer, wo schon der Tisch mit vier Tellern gedeckt war. Lippel schaute sich neugierig um. Eigentlich sah es aus wie in Frau Jeschkes Wohnzimmer auch.

Das Einzige, was man gleich als türkisch erkannte, war die Musik. Ein Kassettenrekorder spielte türkische Lieder. Dann gab es noch ein paar Fotos und Ansichtskarten neben dem Wandteppich über dem Sofa, denen man ansah, dass sie türkisch waren. Auf einem Foto sah Lippel eine Stadt. Eine Burg auf einem Felsen überragte sie.

„Ist Ankara", erklärte Arslan. „Ich habe in Ankara geboren."
„Ich bin in Ankara geboren", verbesserte Lippel.
„Ist Ankara eine große Stadt?"
Arslan lachte. „Zehnmal so groß wie hier", sagte er stolz. „Alles groß! Nicht wie hier. Hier ist alles klein. Kleine Stadt!"
„Findest du?", sagte Lippel.
Ihm kam seine Stadt nicht so klein vor.

„Und wer ist das?", fragte er weiter.
„Ist mein Opa und Oma", erklärte ihm Arslan. „Habe da gewohnt."
„Du sprichst doch gut Deutsch!", lobte Lippel ihn. „Ich weiß gar nicht, warum du nicht reden willst."

Frau Güney kam mit dem Essen. Das sah allerdings ganz und gar nicht wie deutsches Essen aus, stellte Lippel fest. Das Brot war ganz flach wie ein zu dick geratener Pfannkuchen. Es gab zwar Jogurt. Aber der war nicht etwa süß, sondern mit Gurken und Knoblauch angemacht. Lippel überlegte, ob er nach den Sammelpunkten auf den Jogurtbechern fragen könnte. Er beschloss, es bis nach dem Essen aufzuschieben.

Dann gab es Paprikaschoten, ausgehöhlt und mit Fleisch und Reis gefüllt. Frau Güney erklärte ihm bei jedem Gericht, wie es hieß. Sie sagte aber die türkischen Namen, und die konnte sich Lippel nicht merken. Sie sprach viel besser Deutsch als Arslan. Fast so gut wie Hamide. Aber manche Worte betonte sie so seltsam, dass Lippel sich anstrengen musste, um sie zu verstehen.

Zum Nachtisch gab es etwas, was sie „Halwa“ oder „Halma“ nannten oder so ähnlich. Es schmeckte jedenfalls sehr süß und sehr gut.

Nachdem er erst mit Hamide, dann mit Arslan Mühle gespielt hatte, machte sich Lippel auf den Heimweg. Vorher verabschiedete er sich von Frau Güney und fragte: „Dürfen Arslan und Hamide morgen zu mir kommen? Zum Mittagessen?“ Frau Güney wollte von ihm wissen, ob das seine Eltern auch erlaubten. „Ach, die erlauben es bestimmt“, sagte Lippel. „Sie sind nur nicht da. Aber Frau Jakob kocht für mich. Es macht ihr nichts aus, für zwei Kinder mehr zu kochen.“

Fortsetzung folgt

1. Lippel sagt „Güle güle“ zur Begrüßung.
   Er weiß nicht, dass das auf Türkisch
   „Auf Wiedersehen“ heißt.
   Wie heißen „Guten Tag“ und „Auf Wiedersehen“
   in anderen Sprachen:
   auf Englisch, Französisch …

a) Schreibt alle Grußwörter, die ihr kennt, auf ein Plakat.

b) Zu welchen Ländern gehören die Grußworte?
   Malt passende Bilder dazu.
   Ihr könnt auch die Länderflaggen dazumalen.
   Ihr findet die Flaggen im Lexikon.

2. Wie heißen Hamide und Arslan mit Nachnamen?

3. Was gibt es bei Hamide und Arslan zu essen?
   Male das richtige Bild farbig aus.

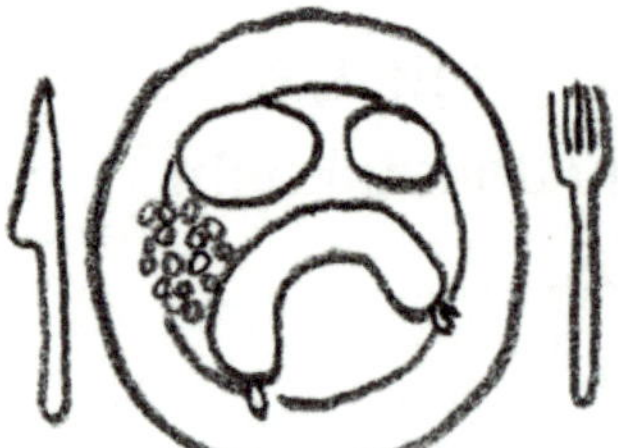

4. **Das Essen ist nicht überall gleich.**
   Jedes Land hat eigene Rezepte und Speisen.
   Hast du schon einmal türkisch gegessen?
   Was gab es? Erzähle.

5. **Welche Speisen aus anderen Ländern kennt ihr?**

a) **Setzt euch in kleinen Gruppen zusammen.**

b) **Schreibt eine Speisekarte.**

Speisen aus aller Welt

Vorspeisen:

________________ ________________

Hauptspeisen:

________________ ________________

________________ ________________

Nachspeisen:

________________ ________________

________________ ________________

Getränke:

________________ ________________

Kapitel 14

„Nun, wo schmeckt es denn besser? Bei mir oder bei deinen Freunden?“, empfing ihn Frau Jakob.

„Es schmeckt eben verschieden“, sagte Lippel. Da sie über das Essen sprachen, fragte er auch gleich: „Darf ich morgen meine Freunde zum Essen mitbringen?“

„Wie viele sind es denn?“, fragte Frau Jakob.

„Nur zwei. Ein Bruder und seine Schwester. Er heißt Arslan und sie Hamide“, erzählte Lippel.

„Aber das sind ja Ausländer, oder?“, fragte sie.

„Ja, es sind Türken“, sagte Lippel.

„Türken? Die kommen mir nicht ins Haus!“, sagte Frau Jakob sofort. „Was denkst du dir denn?“

„Aber wieso? Was haben sie denn gemacht? Warum dürfen sie nicht ins Haus?“, fragte Lippel erstaunt.

„Da fragst du noch?“ Frau Jakob war empört. „Was sagen denn deine Eltern, wenn sie das erfahren? Türken zum Mittagessen. Das hätte gerade noch gefehlt!“

„Aber ich habe sie schon eingeladen. Ich kann sie doch nicht einfach wieder ausladen“, sagte Lippel verzweifelt. „Meine Eltern haben nichts dagegen, das weiß ich genau!“

„Das ist mir egal, diese Ausländer kommen hier nicht herein!“

Lippel ging in sein Zimmer. Eigentlich hätte er Hausaufgaben machen sollen. Aber er musste immerzu an Hamide und Arslan und an seine Einladung denken. Was sollte er nur tun? Wer könnte ihm nur einen Rat geben? Frau Jeschke! Er schlich aus dem Haus und zu Frau Jeschke.

„Hallo, Lippel“, empfing Frau Jeschke ihn. „Du machst so ein finsteres Gesicht. Was hast du denn auf dem Herzen?“ „Es ist wegen Frau Jakob. Sie will Hamide und Arslan nicht reinlassen.“ Er erzählte ihr alles.

Frau Jeschke schüttelte den Kopf. „Das mit deinen Freunden verstehe ich nicht! Was machen wir da nur? Du kannst doch nicht morgen zu ihnen sagen: Ihr dürft nicht kommen, weil ihr Türken seid!“ „Ja, genau. Die wären so gekränkt. Die würden überhaupt nicht mehr mit mir reden. Aber ausladen muss ich sie ja wohl. Was sage ich ihnen nur?“

„Du musst ihnen gar nichts sagen. Weißt du was, ich komme mit zu euch.“ Frau Jeschke schlüpfte in ihre schwarzen Halbschuhe.

Fortsetzung folgt

1. Lippel möchte Hamide und Arslan zu sich nach Hause zum Essen einladen. Aber Frau Jakob erlaubt es nicht. Warum nicht? Kreuze an.

- ☐ Sie möchte nicht für 3 Kinder kochen.
- ☐ Sie möchte nicht, dass Ausländer zum Essen kommen.

2. Lippel möchte seine Freunde trotzdem einladen. Er spricht mit Frau Jakob. Aber Frau Jakob ändert ihre Meinung nicht.

a) Lest das Gespräch auf den Seiten 80 und 81 laut in der Klasse vor.

b) Welche Argumente hat Lippel?

c) Schreibt die Argumente an die Tafel. Fallen euch weitere ein?

d) Spielt das Gespräch zwischen Frau Jakob und Lippel in der Klasse vor. Ergänzt es mit euren neuen Argumenten. Wie endet das Gespräch jetzt?

3. Schreibe eine Einladung für Hamide und Arslan. Du kannst auch mit einem anderen Kind zusammenarbeiten.

Schule / ~~Essen~~ / Arslan / Lippel zu Hause / Hamide / morgen

Einladung zum Essen

für __________ und __________

Wo? bei __________

Wann? __________, nach der __________

Ich freue mich auf euch,
euer Lippel

4. Lippel möchte Hamide und Arslan zum Essen einladen. Was könnte es geben? Schreibe auf die Linien.

____

____

5. Frau Jeschke fragt Lippel, ob er etwas auf dem Herzen hat. Was möchte sie wissen? Lies die Antwort am Faden.

Frau Jeschke — möchte — wissen, ob — Lippel — Sorgen — hat.

6. Was macht dir Sorgen? Was macht dir Freude? Das graue Herz steht für Sorgen. Das orangefarbene Herz steht für Freude. Schreibe die Wörter unter die Herzen.

Nudeln / Schule / Bücher / Ferien / Zahnarzt / Bonbons / Noten / Hunde

Kapitel 15

Gemeinsam gingen sie über die Straße und klingelten an der Haustür. (Obwohl Lippel ja seinen Schlüssel dabeihatte.) Frau Jakob öffnete. „So, da bist du also!“, sagte sie zu Lippel. Ihr Tonfall versprach nichts Gutes. Sie schaute durch Frau Jeschke hindurch, als wäre sie Luft.

Und sie hätte ihr bestimmt die Tür vor der Nase zugeschlagen, wenn Frau Jeschke nicht einfach mit Lippel zusammen ins Haus gegangen wäre. „Guten Tag!“, sagte Frau Jeschke höflich, als sie im Flur stand. „Ich bin Frau Jeschke.“ „Das habe ich mir fast gedacht“, sagte Frau Jakob. „Haben Sie vor, uns zu besuchen?“ „Wissen Sie was?!“, sagte Frau Jeschke. „Die beiden letzten Nächte bleibe ich bei dem Jungen! Sie haben doch sicher die Telefonnummer von Lippels Eltern.“

Lippel reichte ihr schnell die Nummer. Frau Jeschke wählte und sagte: „Hallo, sind Sie es, Herr Mattenheim? Hier ist Jeschke, Frau Jeschke, von gegenüber. – Ja. – Wir haben hier ein Problem. Ich würde gern die letzten Nächte hierbleiben und mich um Lippel kümmern.“

Frau Jeschke lauschte ins Telefon und sagte „Ja“ und noch einmal „Ja“. Schließlich fragte sie: „Sie haben also nichts dagegen, wenn Frau Jakob heute schon geht? – Und Frau Jakob bekommt den vollen Lohn für alle sieben Tage? – Gut, dann steht dem ja nichts mehr im Wege.“

Es war schon spät, als Lippel endlich ins Bett kam. Frau Jeschke war noch einmal nach Hause gegangen und hatte ihr Waschzeug und ein Nachthemd geholt. Danach hatten sie zu Abend gegessen, gemeinsam abgespült, Mühle gespielt und ziemlich ausführlich nachgeschaut, was denn so alles im Fernsehen lief. Jetzt lag Lippel in seinem Bett, gähnte laut, räkelte sich – und schon war er eingeschlafen.

Am nächsten Morgen begrüßte Frau Jeschke Lippel fröhlich beim Frühstück.

„Morgen!“, murmelte Lippel.

„Was ist denn? Bist du böse?“, fragte Frau Jeschke.

„Nein, nein. Ich ärgere mich nur: Ich habe heute Nacht überhaupt nicht geträumt!“

„Gar nicht? Gibt es das?“, fragte Frau Jeschke.

„Ich hab schon geträumt. Von der Schule. Aber ich habe den Fortsetzungstraum nicht weitergeträumt. Jetzt weiß ich wieder nicht, wie die Geschichte ausgeht“, seufzte Lippel. „Na ja, ich träume die Geschichte eben morgen Nacht zu Ende.“

„Ich fürchte, das wird nicht klappen“, sagte Frau Jeschke. „Wenn ein Fortsetzungstraum einmal unterbrochen ist, träumt man bestimmt nicht mehr da weiter, wo man aufgehört hat!“

„Was soll ich denn tun?“ Lippel war ganz unglücklich. „Es fehlt nur noch der Schluss. Ich muss doch wissen, wie alles endet!“ Frau Jeschke überlegte. „Ging nicht die ganze Geschichte los mit dem Buch, das dir Frau Jakob weggenommen hat?“ „Ja“, antwortete Lippel. „Aber sie hat es versteckt.“ „Wart mal!“, rief Frau Jeschke und ging ins Elternschlafzimmer. Gleich darauf kam sie zurück und hatte Lippels Buch in der Hand. „Da ist es ja!“, rief Lippel.

Aufgeregt nahm er sein Buch. Seine Finger zitterten, als er die Seiten umblätterte. Er fand die Geschichte sofort und fing an zu lesen. Aber nach kurzer Zeit schlug er niedergeschlagen das Buch zu. „Was ist denn?“, erkundigte sich Frau Jeschke. „Die Geschichte stimmt gar nicht!“, sagte Lippel ärgerlich. „Im Buch steht etwas ganz anderes. Nur der Anfang ist richtig.“

„Weißt du was?“, Frau Jeschke legte ihm den Arm um die Schulter. „Vergiss jetzt die Geschichte! Vielleicht träumst du sie weiter, vielleicht auch nicht. Denk lieber an morgen! Deine Eltern kommen doch.“

Fortsetzung folgt

1. **Lippel und Frau Jeschke spielen Mühle.**
   Male das Mühle-Spielbrett farbig aus.
   Du kannst auch mit einem anderen Kind zusammenarbeiten.

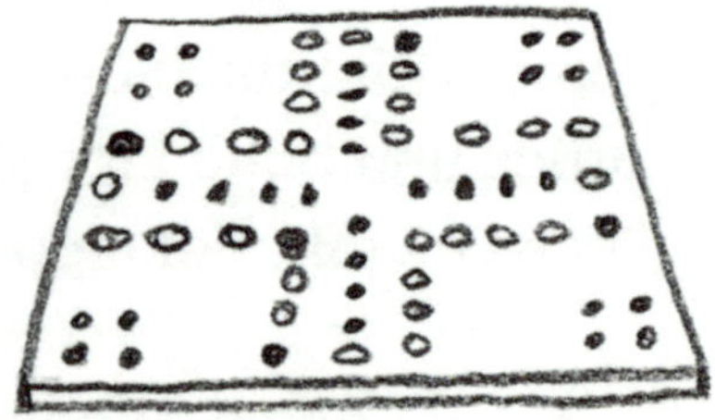

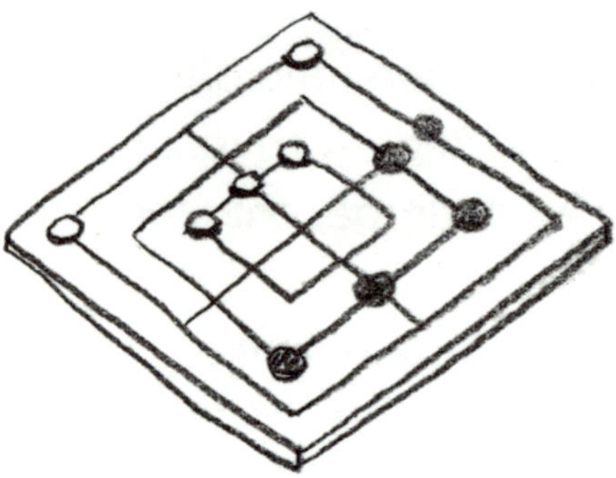

2. **Welche Spiele spielt ihr gern?**
   Plant eine Spiele-Stunde:
   - **Wer bringt welches Spiel mit?**
   - **Wer spielt zusammen? Bildet Gruppen.**

**3. Lippel kann seine Traum-Geschichte nicht mehr weiterträumen. Jetzt möchte er die Geschichte weiterlesen und braucht das Buch zurück.
In welchem Zimmer ist das Buch versteckt?
Ergänze den Satz.**

Frau Jeschke findet das Buch

im ______________________________ .

Wohnzimmer / Elternschlafzimmer

4. Wo genau ist das Buch versteckt?

a) Suche das Buch auf dem Bild.

**b) Male das Buch orange aus.
Du kannst auch den Rest des Bildes farbig ausmalen.**

Kapitel 16

Punkt zwölf klingelte es. Lippel stürzte zur Tür und öffnete. Die Eltern waren da. Mutter umarmte Lippel stürmisch. „Lippel, mein Junge!“, rief sie. Du hast mir richtig gefehlt!“ Vater wartete ungeduldig, bis Lippel auch ihn umarmte. Und dann kam auch Frau Jeschke aus der Küche und wurde von Lippels Eltern herzlich begrüßt.

Alle vier gingen ins Esszimmer und setzten sich an den schön gedeckten Tisch.
Lippel erzählte von Frau Jakob, von der Schule, von Muck, dem Hund, von Familie Güney und dem Fortsetzungstraum.
Die Eltern hörten gespannt zu.
„Es wird immer geheimnisvoller!“, sagte Mutter.
„Am besten, du erzählst alles der Reihe nach.“

Und Lippel fing noch einmal an zu erzählen:
Von seinem Buch, dem Anfang der Geschichte und wie er dann weiterträumte, von Prinz Asslam und Prinzessin Hamide, von der morgenländischen Stadt bis hin zum Ende seines letzten Traums.
„Und jetzt weiß ich nicht, wie die Geschichte ausgeht“, sagte er unglücklich.

„Ja, ja!“, sagte Mutter.
Sie überlegte eine Weile.
Schließlich sagte sie: „Ich glaube, ich weiß, wie die Geschichte ausgeht!“
„Woher weißt du das? Hast du sie schon mal gehört? Oder irgendwo gelesen?“, fragte Lippel aufgeregt.
„Das ist doch egal“, sagte Mutter. „Hauptsache, ich weiß, wie alles endet!“

Und Mutter erzählte: „Lippel, der Gefangene, wurde in den Palast geführt. Der König saß im Thronsaal. Er befahl: ‚Löst seine Stricke! Bringt ihm ein weiches Sitzpolster und ein großes Glas Feigensaft!‘ ‚Danke schön!‘, sagte Lippel und setzte sich.

Dann forderte der König ihn auf, ihm alles zu berichten. Lippel erzählte ihm von der bösen Tat der Tante, von seiner Flucht im Sandsturm und seiner Gefangennahme. Der König hörte zu und nickte manchmal. ‚Dafür wird meine Schwester eine Strafe erhalten. Lasst sie gefangen nehmen‘, befahl er den Dienern. Dann fragte er: ‚Und wo sind Asslam und Hamide?‘ Da öffnete sich hinter ihm ein Vorhang. Dahinter standen Prinz Asslam und Prinzessin Hamide. Und bei ihnen war Muck.“

Mutter schaute die Zuhörer erwartungsvoll an. Lippel lehnte sich zufrieden im Sessel zurück. Was für ein herrlicher Sonntag!, dachte er. Seine Eltern waren wieder da, morgen würde er mit seinen neuen Freunden spielen. Und die Geschichte hatte endlich ein schönes, rundes Ende.

Ende

1. **Wie hat dir Lippels Geschichte gefallen? Male das passende Gesicht farbig aus.**

2. **Wer hat sich „Lippels Traum“ ausgedacht? Lies den Sachtext.**

Die Geschichte „Lippels Traum“ hat sich der Kinderbuchautor **Paul Maar** ausgedacht. Paul Maar hat noch viele **andere spannende Geschichten** für Kinder geschrieben. Zum Beispiel die **Geschichten vom Sams**. Darin kommen auch Punkte vor, aber **Wunschpunkte**!

3. **Das Sams hat Wunschpunkte am Körper. Für jeden Punkt kann es sich etwas wünschen. Was wünschst du dir? Male ein Bild.**

4. **Willst du noch mehr Bücher von Paul Maar kennen lernen? Frage in der Bibliothek danach.**

1. **Wie hat dir Lippels Geschichte gefallen? Male das passende Gesicht farbig aus.**

2. **Wer hat sich „Lippels Traum“ ausgedacht? Lies den Sachtext.**

Die Geschichte „Lippels Traum“ hat sich der Kinderbuchautor **Paul Maar** ausgedacht. Paul Maar hat noch viele **andere spannende Geschichten** für Kinder geschrieben. Zum Beispiel die **Geschichten vom Sams**. Darin kommen auch Punkte vor, aber **Wunschpunkte**!

3. **Das Sams hat Wunschpunkte am Körper. Für jeden Punkt kann es sich etwas wünschen. Was wünschst du dir? Male ein Bild.**

4. **Willst du noch mehr Bücher von Paul Maar kennen lernen? Frage in der Bibliothek danach.**

Originalausgabe:
Paul Maar: „Lippels Traum“

Foto S. 95: Friedrich Oetinger Verlag, Hamburg

Redaktion: lüra – Klemt & Mues GbR
Projektleitung: Susanne Dahlbüdding
Technische Umsetzung: Manuela Mantey-Frempong

www.cornelsen.de

1. Auflage, 2. Druck 2009

Alle Drucke dieser Auflage sind inhaltlich unverändert
und können im Unterricht nebeneinander verwendet werden.

Druck: CS-Druck CornelsenStürtz, Berlin

ISBN 978-3-464-82832-8

Inhalt gedruckt auf säurefreiem Papier aus nachhaltiger Forstwirtschaft.